品德學習系列

勇於學習的小山羊

葛翠琳　著
張蔚昕　繪

新雅文化事業有限公司
www.sunya.com.hk

品德學習系列

《品德學習系列》系列故事感人，含豐富的寓意，可培養孩子有耐性、勇敢、有愛心、樂於助人、勇於學習和學會分享的良好品德，適合親子共讀。

當爸媽跟孩子閱讀《勇於學習的小山羊》後，可請孩子運用以下表格來給自己評分，以鼓勵孩子自我反思，促進個人成長。

我能做到：	我給自己的評分	爸爸媽媽的評分
勇於學習新本領		
勇於學習新事物		
勇於學習照顧自己		
勇於主動學習		

本系列屬新雅點讀樂園產品之一，備有點讀和錄音功能，家長可另購新雅點讀筆使用，讓孩子聆聽粵普雙語的故事，更可錄下自己或孩子的聲音來說故事，增添親子共讀的趣味！

想了解更多新雅的點讀產品，請瀏覽新雅網頁(www.sunya.com.hk) 或掃描右邊的QR code進入

如何配合新雅點讀筆閱讀本故事書？

- 啟動點讀筆後，請點選封面，然後點選書本上的故事文字或說話的人物，點讀筆便會播放相應的內容。如想切換播放的語言，請點選各內頁上的 粵 普 圖示，當再次點選內頁時，點讀筆便會使用所選的語言播放點選的內容。
- 如想播放整個故事，可用點讀筆點選**以下圖示**來操作：

如何製作獨一無二的點讀故事書？

爸媽和孩子可以各自點選以下圖示，錄下自己的聲音來說故事啊！

1. 先點選圖示上**爸媽錄音** 或 **孩子錄音** 的位置，再點 OK，便可錄音。
2. 完成錄音後，請再次點選 OK，停止錄音。
3. 最後點選 ▶ 的位置，便可播放錄音了！
4. 如想再次錄音，請重複以上步驟。注意每次只保留最後一次的錄音。

爸媽請使用這個圖示錄音

孩子請使用這個圖示錄音

序

在競爭劇烈的社會裏，「贏在起跑線」的概念似已深植家長心中，可是現時幼童的學術培育往往遠超品德培育。市面上充斥着各式各樣甚具系統和規模的學術課程，惟品德教育欠缺有系統的教材及課程，家長想為幼童進行品德教育也常感到無從入手。幼童的理性分析能力及同理心需要經驗的累積，以及要成人在旁輔導及分析，協助幼童代入不同角色，並以不同立場分析事情。現今的幼童大多是家中獨子／女，學校又花大部分時間教導學術知識，家庭和學校這兩個幼童主要的生活圈均未有提供足夠機會，讓幼童學習及練習身分互換、體會他人的需要。幼童本身以自我為中心，能處處為他人設想除了是一種進階的思維能力發展外，更是一種生活習慣和態度，需要多練習至習以為常。

現今社會物質豐富，要讓幼童體會「無形」的快樂泉源：分享、承擔、互助及珍惜，很多時候需要家長特意製造相關機會或隨機教導幼童享受與他人共處及合作的過程。本系列圖書通過豐富的故事情節讓幼童代入不同的角色，了解不同角色對不同事物的詮釋、感受及責任，為孩子提供在羣體生活中所需的正向品德教育。

嚴沛瑜 博士

英國心理學會註冊心理學家

粵 普

粵語 普通話

小山羊在山林裏有那麼多好朋友，

他向小伙伴們學到了哪些本領呢？

粵 普

粵語 普通話

tù gē ge ná zhe lán zi dào shān li qù
兔哥哥拿着籃子到山裏去

cǎi mó gu xiǎo shān yáng cháo tā miē miē jiào
採蘑菇，小山羊朝他咩咩叫。

xiǎo shān yáng nǐ wèi shén me jiào
「小山羊，你為什麼叫？

xiǎng dào shānshang qù chī qīng cǎo ma
想到山上去吃青草嗎？」

xiǎo shān yáng kuài huo de yáo zhe wěi ba qīn qin tù gē ge de
小山羊快活地搖着尾巴，親親兔哥哥的

shǒu tù gē ge xiǎo shān yáng gāo gāo xìng xìng de shàng shān le
手。兔哥哥、小山羊高高興興地上山了。

粵
粵語
普
普通話

tù gē ge dài zhe xiǎo shān yáng zǒu jìn mì mì de shù lín
兔哥哥帶着小山羊走進密密的樹林。

zhè lǐ cǎo ér lǜ yōu yōu yòu xiān yòu nèn nà lǐ mó
這裏草兒綠油油，又鮮又嫩；那裏蘑

gu chéng duī xiàng yì bǎ bǎ zhāng kāi de xiǎo sǎn dà shù sǎ
菇成堆，像一把把張開的小傘。大樹灑

xià yīn liáng fēng ér sòng lái qīng shuǎng yě huā sàn fā zhe qīng
下陰涼，風兒送來清爽，野花散發着清

xiāng mì fēng máng lù zhe tù gē ge de lán zi li hěn kuài jiù
香，蜜蜂忙碌着。兔哥哥的籃子裏很快就

zhuāng mǎn le mó gu
裝滿了蘑菇。

粵
粵語
普
普通話

xiǎo shān yáng ya wǒ men huí jiā ba tù gē ge duì xiǎo shān
「小山羊呀，我們回家吧！」兔哥哥對小山
yáng shuō xiǎo shān yáng yǎng qǐ tóu lai miē miē jiào wàng zhe shù lín li yòu xiān
羊說。小山羊仰起頭來咩咩叫，望着樹林裏又鮮
yòu nèn de qīng cǎo bù kěn lí kāi
又嫩的青草，不肯離開。

xiǎo shān yáng nǐ hái méi chī bǎo ba nà wǒ xiān bǎ mó gu sòng
「小山羊，你還沒吃飽吧？那我先把蘑菇送
huí qu nǐ liú zài zhè lǐ chī cǎo děng wǒ huí lai hǎo ma
回去，你留在這裏吃草，等我回來，好嗎？」

xiǎo shān yáng qīn qin tù gē ge de shǒu tù gē ge xià shān qù le
小山羊親親兔哥哥的手。兔哥哥下山去了。

xiǎo shān yáng zài shù lín li pǎo lái pǎo qù wén wen yě huā cháng chang
小山羊在樹林裏跑來跑去，聞聞野花，嘗嘗
nèn cǎo dù zi chēng de yuán gǔn gǔn zǒu qǐ lù lai chén diān diān de
嫩草，肚子撐得圓滾滾，走起路來沉甸甸的。

xiǎo shān yáng lèi le kùn le wò zài dà shù xia shuì zháo le
小山羊累了，睏了，臥在大樹下睡着了。

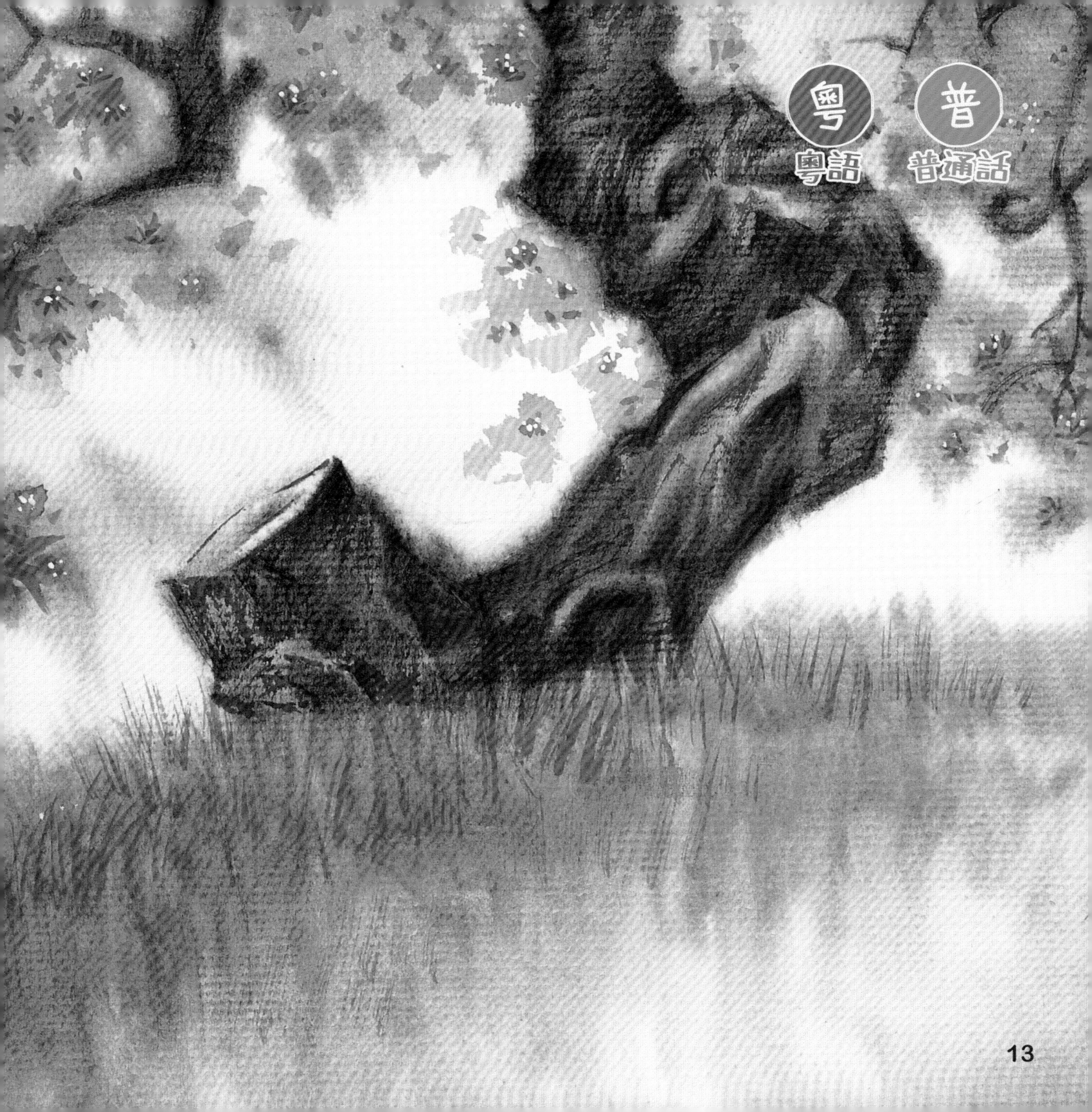
粵
粵語
普
普通話

粵 普

粵語 普通話

hū rán shù yè huā huā xiǎng shù zhī měng jìn de
忽然，樹葉嘩嘩響，樹枝猛勁地

yáo fēng lái le yǔ lái le dà shù wū wū jiào
搖。風來了，雨來了，大樹嗚嗚叫，

cǎo cóng shuāi le yì jiāo yòu yì jiāo xiǎo huī huān xiǎo niǎo
草叢摔了一跤又一跤，小灰獾、小鳥

ér dōu duǒ zài wō cháo li
兒都躲在窩巢裏。

粵
粵語
普
普通話

zhǐ yǒu xiǎo shān yáng méi yǒu dì fang duǒ
只有小山羊沒有地方躲，
shēn zhe bó zi miē miē jiào tā kū le yǎn
伸着脖子咩咩叫。他哭了，眼
lèi xiàng yǔ shuǐ yí yàng wǎng xià liú tù gē
淚像雨水一樣往下流：「兔哥
ge kuài lái jiē wǒ huí jiā ba wǒ pà
哥，快來接我回家吧！我怕，
wǒ pà ya
我怕呀！」

粵 粵語　普 普通話

xiǎo cì wei gǔn guo lai
小刺蝟滾過來，

lā zhù xiǎo shān yáng de jiǎo
拉住小山羊的腳：

bié pà bié pà yǒu wǒ
「別怕，別怕，有我

gěi nǐ zuò bàn ne
給你做伴呢！」

xiǎo sōng shǔ tiào xia lai yòng wěi ba gěi xiǎo
小松鼠跳下來，用尾巴給小

shān yáng cā yǎn lèi bié pà bié pà yǒu
山羊擦眼淚：「別怕，別怕，有

wǒ gěi nǐ zuò bàn ne
我給你做伴呢！」

粵語　普通話

hēi tiān é fēi guo lai yòng
黑天鵝飛過來，用
chì bǎng wēn róu de pāi zhe xiǎo shān
翅膀温柔地拍着小山
yáng bié pà bié pà yǒu
羊：「別怕，別怕，有
wǒ gěi nǐ zuò bàn ne
我給你做伴呢！」

xiǎo huā lù pǎo guo lai lǒu zhù xiǎo shān yáng
小花鹿跑過來，摟住小山羊

de bó zi bié pà bié pà yǒu wǒ gěi
的脖子：「別怕，別怕，有我給

nǐ zuò bàn ne
你做伴呢！」

粵 普

粵語 普通話

shān yīng fǔ chōng xia lai jiào zhe bié pà
山鷹俯衝下來，叫着：「別怕，
bié pà wǒ qù gěi nǐ de tù gē ge sòng xìn
別怕，我去給你的兔哥哥送信！」

xiǎo shān yáng bù kū le xiǎo shān yáng bú pà le
小山羊不哭了，小山羊不怕了，
wàng zhe zhè me duō hǎo péng you fàng xīn de xiào le
望着這麼多好朋友，放心地笑了。

粵 粵語 普 普通話

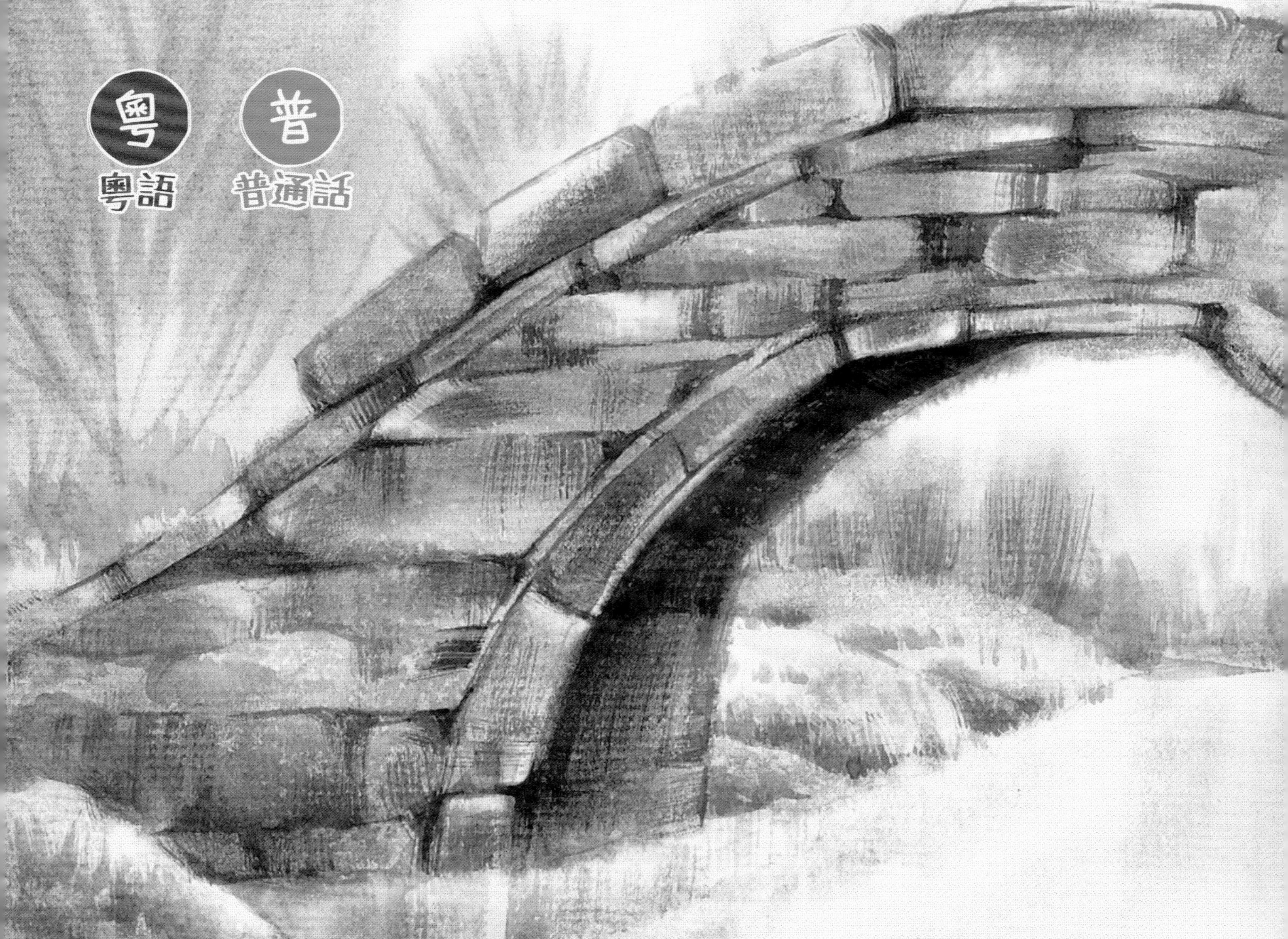

hēi tiān é shuō shí qiáo dǐ xia kě yǐ bì yǔ gēn wǒ lái
黑天鵝說：「石橋底下可以避雨，跟我來。」

dà jiā lái dào shí qiáo xia hé shuǐ huā huā liú kě xiǎo shān yáng bú huì yóu shuǐ ya
大家來到石橋下，河水嘩嘩流，可小山羊不會游水呀！

xiǎo sōng shǔ shuō gēn wǒ qù shù dòng bì yǔ ba kě shì shù
小松鼠說：「跟我去樹洞避雨吧！」可是樹
dòng tài xiǎo le xiǎo shān yáng zuān bu jìn qù ya
洞太小了，小山羊鑽不進去呀！
xiǎo huā lù shuō fān guò dà shān dào wǒ jiā qù bì yǔ ba
小花鹿說：「翻過大山，到我家去避雨吧！
wǒ jiā yòu kuān dà yòu
我家又寬大，又
míng liàng kě fān shān
明亮。」可翻山
yuè lǐng lù tài yuǎn le
越嶺路太遠了，
xiǎo shān yáng pǎo bu dòng ya
小山羊跑不動呀！

粵
粵語
普
普通話

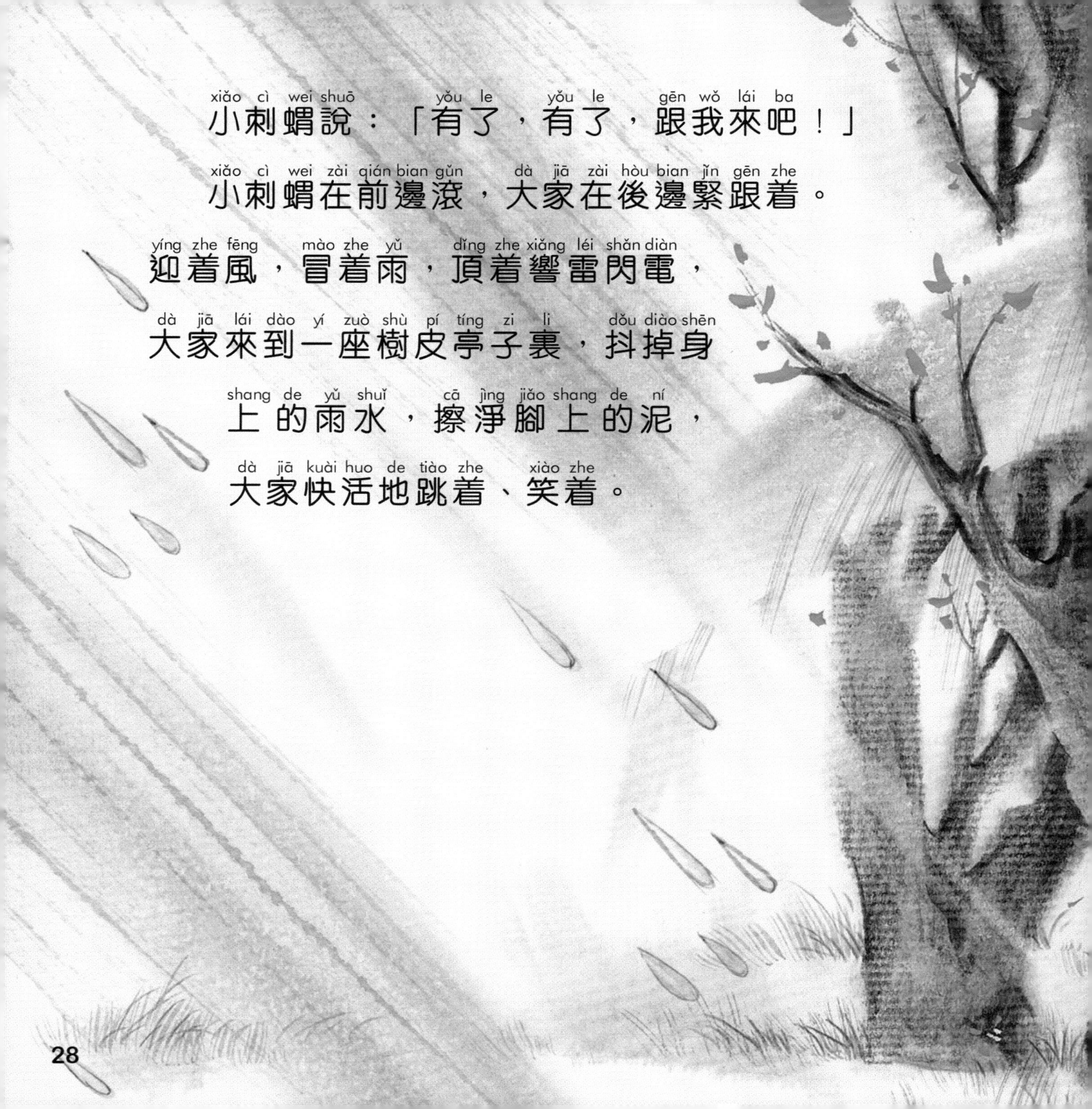

xiǎo cì wei shuō yǒu le yǒu le gēn wǒ lái ba
小刺蝟說：「有了，有了，跟我來吧！」

xiǎo cì wei zài qián bian gǔn dà jiā zài hòu bian jǐn gēn zhe
小刺蝟在前邊滾，大家在後邊緊跟着。

yíng zhe fēng mào zhe yǔ dǐng zhe xiǎng léi shǎn diàn
迎着風，冒着雨，頂着響雷閃電，

dà jiā lái dào yí zuò shù pí tíng zi li dǒu diào shēn
大家來到一座樹皮亭子裏，抖掉身

shang de yǔ shuǐ cā jìng jiǎo shang de ní
上的雨水，擦淨腳上的泥，

dà jiā kuài huo de tiào zhe xiào zhe
大家快活地跳着、笑着。

粵
粵語
普
普通話

粵 粵語　普 普通話

xiǎo sōng shǔ wèn　xiǎo shān yáng　nǐ
小松鼠問：「小山羊，你

huì tiào dào shù shang qù ma　xiǎo shān yáng
會跳到樹上去嗎？」小山羊

yáo yao tóu　bù huì
搖搖頭：「不會。」

xiǎo huā lù wèn xiǎo shān yáng nǐ
小花鹿問：「小山羊，你
néng pǎo de bǐ tù zi kuài ma xiǎo shān yáng
能跑得比兔子快嗎？」小山羊
yáo yao tóu
搖搖頭。

xiǎo cì wei wèn xiǎo shān yáng nǐ
小刺蝟問：「小山羊，你
huì gǔn ma cóng shān dǐng shang gǔn xia lai
會滾嗎？從山頂上滾下來。」
xiǎo shān yáng lián lián yáo tóu bú huì
小山羊連連搖頭：「不會。」

粵 粵語 普 普通話

xiǎo huǒ bàn men yì qí wèn
小伙伴們一齊問：

xiǎo shānyáng nà nǐ huì shén me ne
「小山羊，那你會什麼呢？」

xiǎo shānyáng shuō wǒ zhǐ
小山羊說：「我只

huì chī qīng cǎo
會吃青草。」

dà jiā fā chóu de shuō
大家發愁地說：

nà zěn me xíng ne dà huī láng lái le nǐ kě zěn me bàn ya
「那怎麼行呢？大灰狼來了你可怎麼辦呀？」

xiǎo shānyáng hài pà de yòu kuài kū le wǒ yào huí jiā
小山羊害怕得又快哭了：「我要回家。」

粵 粵語
普 普通話

xiǎo huā lù shuō　wǒ jiāo
小花鹿說：「我教
nǐ pǎo kuài xiē
你跑快些！」

xiǎo sōng shǔ shuō　wǒ jiāo
小松鼠說：「我教
nǐ tiào ba
你跳吧！」

xiǎo shān yáng jiù liàn pǎo　xué
小山羊就練跑、學
tiào　bú pà fēng chuī　bú pà yǔ
跳，不怕風吹，不怕雨
lín　bú pà xiǎng léi　bú pà
淋，不怕響雷，不怕
shǎn diàn　pǎo le yì quān yòu yì
閃電，跑了一圈又一
quān　tiào le yí biàn yòu yí biàn
圈，跳了一遍又一遍。

粵 粵語　普 普通話

fēng tíng le　yǔ zhù le　tài yáng chū lai le
風停了，雨住了，太陽出來了。
xiǎo shān yáng gào bié le péng you men　gāo gāo xìng xìng pǎo
小山羊告別了朋友們，高高興興跑
xià shān　shān yīng yíng miàn fēi lái　jiào zhe　xiǎo shān
下山。山鷹迎面飛來，叫着：「小山
yáng　nǐ kàn shéi lái le
羊，你看誰來了！」

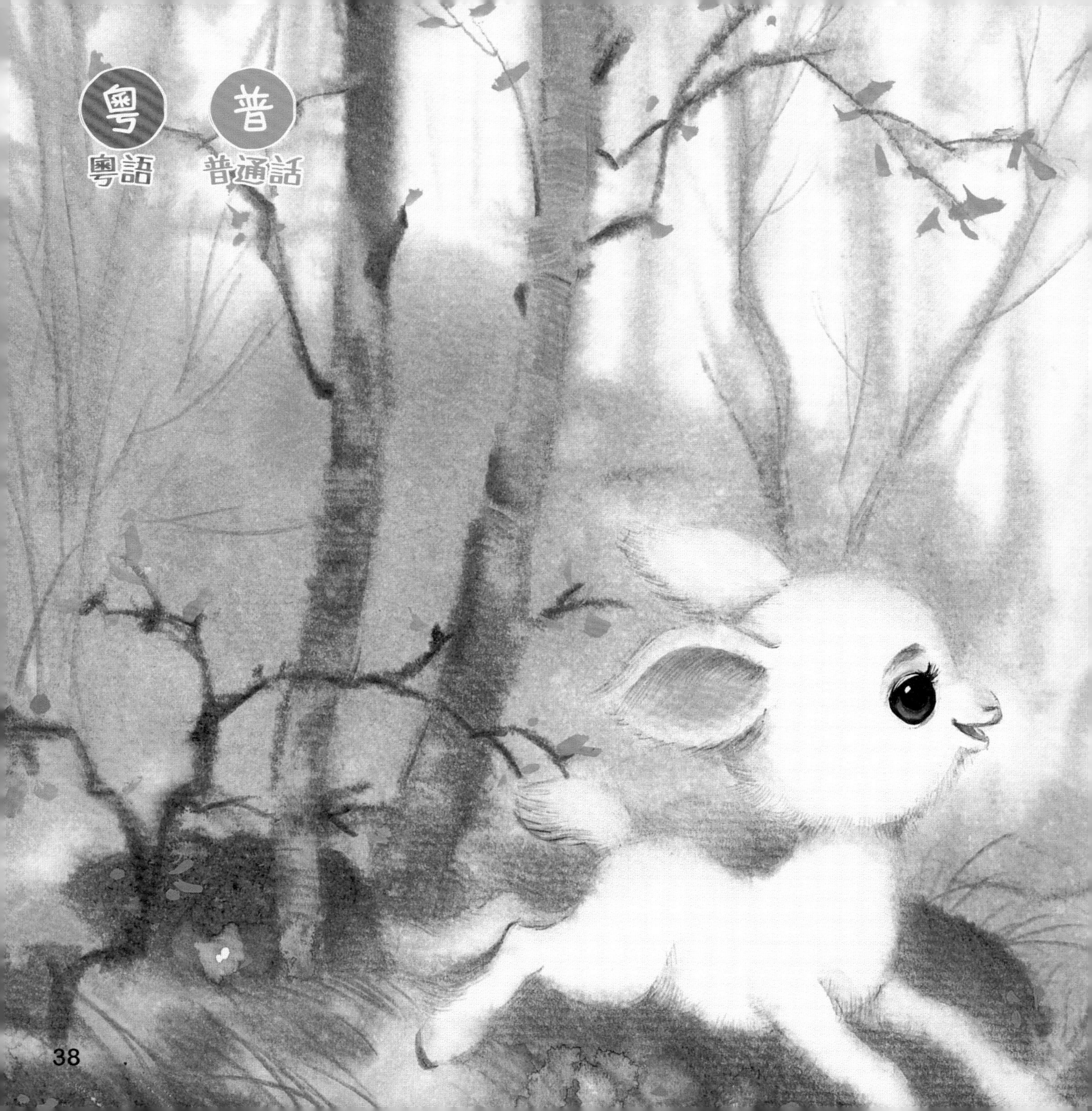
粵
粵語
普
普通話

yuán lái shì tù gē ge pǎo lái le āi yā yā
原來是兔哥哥跑來了：「哎呀呀，
xiǎo shān yáng wǒ dào chù zhǎo nǐ ne
小山羊，我到處找你呢！」
miē miē xiǎo shān yáng kuài huo de yáo zhe wěi
「咩咩，」小山羊快活地搖着尾
ba tù gē ge wǒ pǎo de kuài le wǒ tiào de líng
巴，「兔哥哥，我跑得快了，我跳得靈
qiǎo le wǒ bú pà dà huī láng le
巧了，我不怕大灰狼了！」

粵 粵語　普 普通話

小朋友，

你是怎樣學習本領的呢？